AF219377

*Dank an all meine mitfühlenden Wegbegleiter
mit ihren blitzschnellen, lebensrettenden Reaktio-
nen, mit ihrer Geduld und Zuversicht, mit den hel-
fenden Händen, offenen Ohren, stützenden
Worten, tröstenden Blicken (und funktio-
nierenden Kaffeemaschinen).
Ohne diese Engel gäbe es dieses Buch nicht.*

*Dank auch an G. F.,
der zufällig und ohne es zu wissen die Idee für
den Titel und die Zusammenstellung dieses
Buches lieferte.*

Auf Regen folgt Sonne

Rebecca Neuklamm

1. Auflage, 2020
© Rebecca Neuklamm – alle Rechte vorbehalten.
Herstellung und Verlag: BoD – Books on Demand, Norder-
stedt
ISBN: 9783752648430

Inhaltsverzeichnis

Hoffnung	7
Ich schreibe ...	8
Zum Ende des Jahres	10
Schmerzen	11
Ein besonderer Ort	13
Tiefe Not	14
Der Versuch	16
Unvollständig	18
Augenblick im Herbst	20
Nicht gut genug	21
Die Hüterin	23
Wünsche	25
Für meine Kinder	26
Lob und Kompliment	28
Panikmomente	29
Hände	30
Freier Fall	31
Wenn man es als Comedyshow...	32
Der letzte Tag	44
Schwer	45
Still!	45
Heilsame Flucht	46
Wetterwechsel	47
Still (2)	48
Ein verrücktes Jahr	49

Hoffnung

Tiefschwarze Nacht – Verzweifeltes Warten
auf den langersehnten Morgen,
der die unendliche Dunkelheit,
die unendliche Traurigkeit
endlich aus meinem Herzen befreit.
Hoffen auf den Morgen,
der das Licht der Sonne mit sich bringt.
Ein Licht voll Wärme und Freude,
das Hoffnung schenkt und Kraft:
Die Ablösung der Nacht.

(24. Juni 2001)

Ich schreibe ...

Ich schreibe, um durch mich hindurch zu streifen;
um zu erkennen und um zu begreifen.
Dort finden sich Höhen und zu oft auch Tiefen.
Erwachsene, Kinder, Dämonen, die riefen.

Ich schreibe, um die Großen zu stärken,
das Damals zu schließen, das Jetzt zu bemerken.
Das innere Kind zu trösten und schützen;
Die Frage ist nur: Wird es was nützen?

Ich schreibe, um dem Chaos Herr zu werden,
Gefühle zu bündeln und um mich zu erden.
Doch oft auch nur, um am Leben zu bleiben,
damit meine Lieben nicht wegen mir leiden.

Ich schreibe, um nicht mehr völlig zu schweigen,
doch manchmal auch, um Gespräche zu meiden.
Die Angst davor, das Falsche zu sagen,
hat mir vor Jahren die Sprache verschlagen.

Aber eigentlich will ich nicht immer nur schreiben!
Ich will toben, schreien und weinen,
entschuldigen, loben, erzählen, erheitern,
Doch meine Zunge scheint dran zu scheitern.

Denn der Mut ist zu klein und die Worte verstecken
sich in den hintersten, dunklen Ecken.
Dort find' ich sie, wenn ich beginne zu schreiben.
Und möchte aus Hass und Wut mich zerschneiden.

„Du Feigling, du Nichtsnutz, du blöde Kuh!",
brüllt mein innerer Dämon mir zu.
Und so schreibe ich wieder, um weiterzuleben,
die Hoffnung auf Heilung längst aufgegeben?

Leere Worte und sinnlose Zeilen!
Nichts davon wird mich je wirklich heilen.
Mein lautloses Rufen verhallt im Nichts.
Ein Ende des Alptraums ist nicht in Sicht.

Ich schreibe auch, um Verständnis zu finden;
hoffe, die grausame Scham wird verschwinden.
Die Scham vor dem, was ich dachte und tat,
Zu groß ist die Angst, dass mich niemand mehr mag.

Ich schreibe, um durch mich hindurch zu streifen,
doch oft genug auch, damit and're begreifen,
warum ich halt leider so bin, wie ich bin.
Aber macht das denn überhaupt einen Sinn?

Denn es dauert zu lang, bis die Dunkelheit geht,
ich sehe, wie selbst der Tapferste flieht.
So bleibt mir nichts and'res, als leise zu werden,
das innere Kind möcht' vor Einsamkeit sterben.

Und im Schweigen flüstert mein Dämon mir zu:
„Schuld an all dem bist doch ausschließlich DU!
Denn immerhin hast du ja mitgemacht!"
Ach ... hätt' die Drecksau mich damals doch
umgebracht!!

(November 2018)

9

Zum Ende des Jahres

Zeit zum Erholen und Erinnern.
Zeit zum Bewundern und Besinnen.
Zeit zum Wünschen und Staunen.
Zeit zum Hoffen und Glauben?

Weg von Hektik, Stress und Springen.
Sich seiner selbst und der Liebsten besinnen.
Freuden bereiten mit einfachen Sachen
wie Worten, Wünschen, Gesten und Lachen.

Zeit zum Innehalten und an jene Denken,
die nicht viel haben, um etwas zu schenken.
Sich zu besinnen, wie reich doch meist
das eigenen Leben vergleichsweise ist.

So wünsche ich zum Jahresende
viel Freude, Kraft und haltende Hände.
Ruhe, Fröhlichkeit, glänzende Augen;
denn diese Erinnerung kann niemand uns rauben.

(18. Dezember 2018)

Schmerzen

Bohrend, brennend, drückend, klammernd.
Es hilft kein Reden, erst recht kein Jammern,
mein eigener Körper scheint mich zu foltern,
und lässt mich entmutigt weiterstolpern.

Nichts scheint zu helfen, nichts scheint zu lindern,
Tabletten können den Schmerz nicht verhindern.
Den Fokus verändern, entspannen, bewegen,
positiv denken ... versuchen, zu leben.

Es gibt einen Grund für all diese Schmerzen,
vielleicht noch die alten Wunden im Herzen?
Wie leid bin ich diese alte Geschichte,
könnte ich, würd' ich die Bilder vernichten.

Aber ist es das wirklich oder ist da noch mehr?
Warum fällt meinem Körper das Heilen so schwer?
Nach steinigem Weg steh ich jetzt vor der Wand,
der Schmerz hat mich wieder fest in der Hand.

Wo sind die Erfolge des Herbstes hin?
Macht dieser Kampf denn überhaupt Sinn?
Normaler, erträglicher, schmerzarmer Alltag
war ein Traum, den ich jetzt nicht mehr hab'.

So hüllt mich die lähmende Dunkelheit
erneut in ihr schwarzes, schweres Kleid.
Zieht mich in ihre Gruft aus Verzweiflung und Qual
und stellt mich somit erneut vor die Wahl:

Will ich die Zukunft voll Schmerzen erleben
oder mir endlich das Leben nehmen?
Nie mehr kämpfen, hinfallen, leiden, ertragen,
andere nerven, verzweifeln und klagen.

Erschöpft steh ich vor dieser riesigen Wand
und frage mich, was mich ans Leben band.
Ich weiß es! Kinder, Partner und Freunde.
Oder ist es der Funke, den ich so oft leugne?

Der Funke, an den ich nicht so recht glaubte,
war da, wenn die Schwere den Lebensmut raubte.
Diese kleine Flamme schien immer zu brennen,
man kann sie wohl einfach „Hoffnung" nennen.

(Januar 2019)

Ein besonderer Ort
(Für Dr. D.N.)

Ein Ort des Krankseins und des Heilens.
Ein Ort des Lachens und des Weinens.
Ein Ort der Wärme und Behutsamkeit.
Ein Ort der Achtung und Vertraulichkeit.

Hier kann man körperliche Gebrechen,
sowie die Seelischen besprechen.
Ernst genommen wird man immer;
im Sprech- wie auch im Wartezimmer.

Und ist's auch manchmal hektisch und eng,
dann – liebe Patienten – seid bitte nicht streng.
Vielleicht ist man selbst mal der Grund dafür,
wenn's länger dauert hinter der Tür.

Das Team hier bemüht sich Tag für Tag,
dass die Praxis möglichst rund laufen mag.
Hilfsbereit, geduldig, herzlich und offen,
hilft es, den Kranken zu genesen und hoffen.

Es liegt wohl in der Natur der Sache,
dass nicht jeder sich gern zum Arzt aufmache.
Doch ist man gezwungen, zu geh'n diesen Wege,
so ist meine Hausarztpraxis ein Segen.

Ein Ort, wo man Mensch ist und keine Zahl.
Ein Ort, wo gelindert wird fast jede Qual.
Ein Ort des Vertrauens auf beiden Seiten.
Ich hoff, dieser Ort bleibt uns lange erhalten!

(Januar 2019)

Tiefe Not

Aus tiefer Not schrei ich zu dir!
Hörst du mich? Bist du hier?
Warum das alles? Was ist der Sinn?
So schein ich doch falsch, so wie ich bin.

So ist es falsch, wenn ich schweige;
Falsch, wenn ich stattdessen schreibe!
Überwind ich die Angst und erzähle,
so ist's sicher falsch, wen ich dazu wähle.

Aus tiefster Not schrei ich zu Dir!
Ich brauch dich doch! Bist du hier?
Alles ist dunkel, ich find keinen Pfad,
den ich alleine zu laufen vermag.

Ich wünsche mir Hilfe, raus aus dem Dreck,
statt Hände zu reichen, schubst man mich weg.
Meine Gefühlswelt passt nicht zu dem,
was Ärzte von mir wünschen, zu sehen.

Aus tiefster Not schrei ich zu dir!
Komm doch bitte, ich bin hier!
So gern möchte ich glauben, dass da wer ist,
der mir in diesem Sumpf ein Anker ist.

Ich fühl mich zerrissen, in Stücke zerteilt,
kein Glaube daran, dass das jemals heilt.
Im Tauziehen messen sich Leben und Tod.
Und niemand hier scheint zu sehen die Not.

Aus tiefster Not fleh ich zu Dir!
Hörst du mich und glaubst du mir?
Oder bin ich Lügner und Verräter?
Einfach nur der fiese Täter,
der and're verarscht und manipuliert?
Der doch nur spielt und simuliert?

Können Gegensätze nicht beieinandersteh'n?
Lebenswillen in Todeswunsch übergeh'n?
Müssen wir immer schwarz sein oder weiß?
Muss er einer Linie treu sein, unser Geist?

Wenn alles so klar und einfach wäre,
säß ich nicht hier und müsst mich erklären!
Dann hätte er gewonnen, der dunkle Tod.
Und ich schrie nicht stumm in tiefster Not.

(Geschrieben auf der geschlossenen Station, 24. März 2019;
wieder gefunden & überarbeitet im Oktober 2019)

Der Versuch
(27.03.2019)

Ein einziger Satz, ein einziges Nein
Kann doch so grausam schmerzhaft sein!
"Grenzüberschreitung", hör ich ihn sagen.
Das Wort ist ein dumpfer Schlag in den Magen.

Die Tür schlägt zu mit lautem Knall
Innerlich geh ich geschlagen zu Fall.
Mein sicherster Ort wird mir jetzt verwehrt.
War die Wahrheit das wirklich wert?

Vom Trigger von den Füßen gerissen
Möcht ich nichts hören, möchte nichts wissen.
Versuche, nach außen die Fassung zu wahren,
Nicht in der Lage, noch etwas zu sagen.

Es fehlt die Sicherung, fehlt der Halt.
Verzweifelt such ich Zuflucht im Wald.
Nie schien die Natur so trostlos und leer;
keine Wärme, kein Schutz, kein Frieden mehr.

Mit zitternden Händen setze ich an,
leere die Flasche und flüchte mich dann
noch tiefer in den Wald hinein.
Weg von den Wegen, möglichst allein.

Die inneren Anteile kämpfen und toben;
An einer Fichte sink ich zu Boden.
Starre hinein in die braunen Äste;
Ertapp' den Gedanken "Was wär' jetzt das Beste?"

Hilfe rufen? Aufstehen, gehen?
Ich spüre den kühlen Wind um mich wehen.
Sitzen bleiben! Aufgeben, sterben!
Die blasse Sonne kann mich nicht wärmen.

Wie wild schlägt das Herz, die Kehle brennt
Die Augen sind schwer. Ich weiß: Die Zeit rennt!
Die Beine fühlen sich an wie Blei,
Ich hör' auf zu kämpfen – und fühle mich frei!

Frei von Schmerz, Kummer, Angst und Trauer.
Die Erleichterung ist wie ein wohliger Schauer.
Ich fühle den Frieden, die Ruhe im Kopf,
höre den Specht, der über mir klopft.

Und während die Kraft aus dem Körper schwindet,
hoffe ich noch, dass mich hier niemand findet.
Ich dämmere ein, bin kurzfristig weg;
Dann werd ich plötzlich von Träumen erschreckt.

Ich öffne die Augen und sehe den Wald.
Der Baum gibt dem kraftlosen Körper noch Halt.
Doch plötzlich - ich kann's selbst nicht verstehen-
entschließ ich mich einfach, aufzustehen.

Es kostet unendlich viel Mühe und Kraft.
Dann hat's mein Körper grad so geschafft.
Ich drehe mich um, seh den Baum und den Busch
an dem ich mich taumelnd festhalten muss.

Ich stolpere los. Ohne Plan. Ohne Ziel.
So ist – als die gnädige Dunkelheit fiel –
die letzte Erinnerung ein harziger Stamm,
an dem ich mich einfach nur festhalten kann.

(10. April 2019)

Unvollständig

Auf einem unscheinbaren Pfad im Wald,
abseits von Menschen und Straßen,
machte ich plötzlich sehr abrupt Halt.
Dachte ich, ich sähe es wachsen!

"Es": klein, grün und in Mengen dort stehend.
Doch dieses eine dort, denk ich verzückt,
ist so anders, so selten, so bedeutend,
da es dem Finder soll senden das Glück.

Ich knie mich nieder zu dem besonderen Fund,
streiche sanft unter die scheinbar vier Blätter.
Zu leichter Enttäuschung formt sich mein Mund.
Die Stimmung schlägt um wie das Wetter.

Getäuscht wurd' ich von einem geteilten Blatt,
durch das es schien, als besäß' der Klee vier.
Und während ich nachdenklich weiter tapp',
wächst Schritt für Schritt ein Gedanke in mir:

Ist es das gleiche mit dem Glück im Leben?
Mit Scheuklappen fixiert darauf, es zu suchen.
Nur nach einem Punkt in der Zukunft zu streben,
um dort dann enttäuscht und traurig zu fluchen?

Warum ist es so schwer, den Moment zu schätzen?
Innehaltend zu schauen und zu bestaunen.
Das Kleine zu sehen, statt weiter zu hetzen?
Einfach mal nur dem Jetzt zu vertrauen?

Vielleicht wäre manch ein Verlust etwas leichter,
könnt' ich die drin schlummernde Chance sehen.
Statt enttäuscht über das Fehlen wäre man heiter
über ein Lächeln, ein "Du" und auch ein Verstehen.

Zwar war das Kleeblatt fürs Glück nicht komplett,
doch hat es mit seinem Mangel erreicht,
was manch vierblättriger Genosse nicht hätt':
Dass langsam die Trauer der Dankbarkeit weicht.

So dank ich dem dreiblättrigen Kleeblatt im Wald
für den wachrüttelnden Moment der Enttäuschung.
Und bitte, der tiefe Schmerz möge bald
weichen der lebensbejahenden Hoffnung.

(15. August 2019)

Augenblick im Herbst

Kaltweiße Schränke, künstliches Licht.
Stimmgewirr surrt um sie herum:
„Kalt ists geworden, man glaubt es nicht!"
„Vorbei der Sommer – warum nur, warum?"

„Hört doch auf mit dem Gemecker,
über's eh nie rechte Wetter!",
denkt sie innerlich, doch spricht
sie diesen Gedanken aus Anstand nicht.

Stattdessen arbeitet sie leise weiter,
gegenüber im Fenster die trübe Welt.
Und während sie wegschiebt die kleine Leiter,
ihr trauriger Blick aus dem Fenster fällt.

Unerwartet trifft sie's wie ein Blitz!
Das, was sie sieht, ist fast wie ein Witz!
Da lächelt aus dem Grauen drauß' munter,
eine Sonnenblume zu ihr herunter.

Vom kalten Winde sanft umweht,
schwingt sie sachte hin und her.
Ihr gelber Kopf sich dabei dreht.
Da fällt traurig bleiben richtig schwer.

Sie nickt zum Fenster kurz herein
und – wie solls in dem Fall anders sein –
zaubert ein Lächeln ins traurige Gesicht
und findet sich wieder in diesem Gedicht.

(September 2019)

Nicht gut genug

„Steh nicht so im Mittelpunkt!",
wurde ich mit 4 ermahnt.
„Und außerdem, das sei gesagt,
halt doch endlich mal den Mund!"

„Gut zu sein, das reicht nicht aus!",
bläute uns der Vater ein.
Die besten müssen wir stets sein!
Dann haben wir vielleicht ne Chance.

Stolz bracht' ich eine Eins nach Haus',
worauf der Bruder schimpfte: „Streber!".
Von den Eltern kam: „Gut, ABER...!"
Das Beste reichte doch nie aus.

„Eigenlob stink!", mahnte Oma mich immer.
Und wer schön sein will, muss leiden!
Diese Familie kann gut übertreiben!
So saß ich allein und zweifelnd im Zimmer.

Ich war 11, als Oma fröhlich mir sagte:
„Vom hässlichen Entlein zum schönen Schwan!"
Ich ging zum Spiegel, sah mich abwertend an.
Der Selbstzweifel kräftig an mir nagte.

Mit 12 begann mir der Bruder zu schmeicheln.
Komplimente sind gefährlich, lernte ich schnell,
als er begann mich unsittlich zu streicheln.
Drei Jahre dauerte diese Höll'.

Ich musste geben, was ich nicht wollte,
Ersehnte, was jedes Kind bekommen sollte,
Doch vom Vater ich es kaum bekam:
Bedingungslose Geborgenheit, den schützenden Arm.

So erhielt ich im Augenblick der Not,
weder Schutz, noch Rückhalt – nur Vaters Wut.
Vom Vater verstoßen, den Bruder verloren,
die Mutter schien mit dem Vater verschworen.

Mit ihrem Vorwurf an mich, schuldig zu sein,
blieb ich mutterseelenallein.
Lebte mit dem Täter unter'm selben Dach;
niemand fragte, was das mit mir macht.

Zwei Jahrzehnte sind vergangen;
Noch immer hält mich alles gefangen.
Und am meisten ersehn' ich mir
Einen liebenden Vater, der öffnet die Tür.

Doch meiner verletzt mit bösen Späße
ein um's and're Mal und es ist, als säße
ich wieder vor ihm als das kleine Kind,
dem jeder Erfolg durch die Finger rinnt.

Als Tochter hab ich versagt in den Jahren,
trotz Bemühung, die hohen Ziele zu jagen.
Ich hab's versucht, bitte verzeiht!
Gebracht hab ich es wohl nicht weit.

Ich wollte euch stolz von mir sprechen hören,
Ohne dass euer „aber" den Erfolg würd' zerstören.
Deine Liebe, Papa, hab ich zu erreichen versucht!
Stets bemüht – doch wohl nie gut genug!

(September 2019)

Die Hüterin

Ihr Äußerstes übersäht mit Narben,
steht sie groß und breit im Wald.
Mit weit ausgestreckten Armen
wirkt es, als gäbe sie allen Halt.

Zwischen all den dunklen Bäumen
Wirkt sie trotz der Größe sanft.
Man kann sich nur erträumen,
was sie ertragen hat an Kampf.

Zeichen – geritzt in ihre Haut;
Verschandelt wurde sie damit.
Doch ihres Wertes nicht beraubt,
steht sie aufrecht in der Mitt'.

Seit Jahrzehnten oder -Hunderten gar
trotzt sie Unwetter, Mensch und Tier.
Wie die Beschützerin steht sie da,
im unscheinbaren Waldstück hier

Ihre meterlangen Arme tragen
saftig wirkende, hellgrüne Blätter.
Weit in den Himmel die Äste ragen
und laden Eichhörnchen ein zum Klettern.

Die Blätter rascheln leis im Wind.
Sanft möcht ich streicheln ihre Narben,
den breiten, glatten Stamm umarmen,
mich an sie drücken wie ein ängstliches Kind.

So oft bin ich blind vorbei gerannt,
blind vor Schmerz und Traurigkeit.
Dies' Wunder hab ich spät erkannt!
Aber alles kommt zu seiner Zeit.

Nach „meiner" Fichte von diesem Frühjahr
war ich gerade erneut auf der Suche.
Am Beginn des Weges nahm ich sie wahr:
Diese starke, bewundernswerte Buche.

(Oktober 2019)

Wünsche

Ich sitze vor dem leeren Blatt,
kram in meinem Hirn und frage mich,
was man jemand wünscht, der vieles hat,
doch find ich die richtigen Worte nicht.

Job, Familie, Dach über dem Kopf,
täglich ein warmes Essen im Topf.
Freunde zum Lachen und zum Weinen
Freude, Glück, Gesundheit der Seinen.

Doch sieht man nur, was man sehen kann;
Wer weiß, was sich verbirgt hinter den Wänden?
Drum schadet es sicher nicht, dann und wann,
ein paar herzliche Wünsche zu senden!

Ich wünsche von Herzen strahlende Augen,
die fasziniert die bunte Welt bestaunen.
Kleine Kinderhände, die vertraulich und sanft
umklammern die schützende, erwachsene Hand.

Den liebenden, stützenden, treuen Partner.
Eine Feier am Abend ohne folgenden Kater.
Guten, tiefen Schlaf in den Nächten.
Nur schöne Träume und keine schlechten!

Und vorne weg: stabile Gesundheit,
bei sich selbst und bei den Lieben.
Unheil, Kummer und stürmische Zeit
sind mit diesen Wünschen - hoff ich – vertrieben.

(Oktober 2019)

Für meine Kinder!

„Mama! Nein! Du darfst nicht gehen!"
Die braunen Äuglein halten mich fest,
als würden sie tief in die Seele sehen.
Ich drehe mich weg und erwarte Protest.

Doch statt zu toben, wie grade immer,
ruft die Kleine mit fester Stimme.
Tief getroffen bleibe ich stehen:
„Mama! Nicht in den Himmel gehen!"

Oh mein liebes, süßes Töchterlein,
so sensibel, obgleich so klein!
Du und dein Bruder seid der einzige Halt,
den ich habe in meiner tristen Welt.

Ich werde drum kämpfen, zu überleben,
um den tiefen Schmerz nicht weiter zu geben,
den ich versuche, seit Jahren zu tragen:
Einen Teil der Eltern nicht zu haben!

Ob ich es schaffe, kann ich nicht sagen.
Die Trauer, der Schmerz und die Einsamkeit nagen
schon viel zu lang am Lebensmut.
Und ich fühl mich für euch nicht gut genug!

Aus tiefstem Herzen jedoch weiß ich,
dass ich euch liebe wie sonst nichts auf der Welt.
Ganz so wie ihr seid – das ist es, was zählt!
Ihr seid so wunderbar, so stark, so unglaublich!

Was auch das Leben uns bringen mag,
bitte ich euch: seid gnädig mit mir,
wenn ich nicht bei euch zu bleiben vermag
und eines Tages öffne die magische Tür.

(September 2019)

Lob und Kompliment

Ein ernst gemeintes Kompliment.
Jemand, der sagt „Du hast da Talent!"
Ein Lob ohne das zerstörende „aber".
All das bewirkt einen inneren Zauber,
der in die tiefsten Winkel der Seele
und des verletzten Herzens dringt.
Doch plötzlich klingt es wie Befehle,
durch die der Dämon den Zauber verdrängt.

Entwertende Sätze - eingeprägt
wie stetes Ritzen mit spitzen Nadeln,
wovon die Seele Narben trägt:
So kennt sie kaum Lob, ohne folgenden Tadel.
Kaum Komplimente ohne Hintergedanken.
Das Herz übersäht von Narben, die sagen:
„Ungewollt, störend, nicht gut genug!
Zu laut, zu leise, nur falsch, nicht klug."

So gerne möcht` ich das Gute glauben!
Ein Lob annehmen, als das, was es ist.
Netten Worten einfach vertrauen,
ohne dass der Zweifel mich innen zerfrisst.
Den Zauber im Herzen wirken lassen
als heilende, so sehr benötigte Kraft!
Ich möchte - statt mich weiter zu hassen -
verschließen die Wunde, die so lange klafft.

(Oktober 2019; überarbeitet Oktober 2020)

Panikmomente

Stummes Schreien, Weinen, Flehen
Gefühle, Gedanken sich innerlich drehen.
Immer schneller wirbeln eklige Bilder,
das Herz schlägt in Panik nur noch wilder.
Hör auf zu schlagen, ich gehör hier nicht hin!
Eine Last ich doch nur für alle bin!

Zentnerschwer sitzt auf der Brust,
die grausame Angst vor neuem Verlust.
Verlust der Kontrolle, über das, was geschieht,
Angst vor dem, wie ein anderer mich sieht.
Angst davor, erneut zu versagen
und liebe Menschen davon zu jagen.

Vertrauen und Offenheit sind gefährlich!
Aber ... ich bin halt nun mal ehrlich!
Warum? Warum nicht wie damals schweigen?
Leise ertragen und niemals mehr zeigen,
was mich Tag und Nacht so quält!
Funktionieren im Alltag ist das, was zählt!
Doch daran scheitere ich gnadenlos!
Es wäre viel besser, ihr wärt mich los!

Quälender Schmerz rollt über mich;
Seelisch, wie auch körperlich.
Das Atmen fällt schwer, die Hülle erstarrt,
Der Blick auf den Boden gerichtet verharrt.
Es ist, als könnt ich's von oben betrachten,
doch würd ich mich lieber unsichtbar machen.

(21. November 2019)

Hände

Klein und groß, grob und sanft
Benutzt für Gutes, sowie für Kampf.
Sie können zerstören, verletzen, schlagen,
wie auch heilen, trösten, tragen,
streicheln, halten und erschaffen,
und sind zugleich auch tödliche Waffen.

Behutsame Hände geben Halt,
trösten in tiefer Einsamkeit,
lindern nagende, quälende Schmerzen,
entzünden im Mitgefühl wärmende Kerzen.
Sind einfach da, wenn die Hoffnung versiegt,
die Verzweiflung allen Lebensmut stiehlt.

Was böse Hände einst zerstört,
zum Leben ewig dazu gehört.
Die Guten können das nicht heilen,
doch können sie Geborgenheit teilen!
Erzeugen damit Kraft und Mut
und den Funken Hoffnung, dass manches wird gut.

(27. November 2019)

Freier Fall

Die Arme Halt suchend ausgestreckt,
der Boden unter den Füßen bricht weg.
Ich seh die Hände, die nach mir greifen,
versuch', sie verzweifelt zu erreichen.
„Halt mich fest, bitte lass mich nicht los!
Ich falle ins Dunkle, dort gibt's keinen Trost!"

Es siegt die Erschöpfung, die Resignation.
Der innere Dämon lacht voller Hohn.
Schirmt mich ab von der rettenden Hand;
Die zerstörende Einsamkeit nimmt überhand.
Im grausamen Schmerz lass' ich mich fallen,
um mein Herz des Dämons scharfe Krallen.

(1. Dezember 2019)

Wenn man es als Comedy-Show sieht, geht's

TAGEBUCH AUS DER KLAPSE

Tag 2:

Welcome back! Nach nur acht Monaten zurück bei den weißen Tischen, dem cremefarbenen Sofa, dem Stäbchenparkettboden und dem durch eine Glastür abgetrennten, nach Rauch stinkendem Gang.

Andere machen eine Woche Urlaub, ich gehe stattdessen in die Psychiatrie – vermutlich sollte ich mein Konzept nochmal überdenken.

Während ich hier sitze, taucht eigentlich in erster Linie Verbitterung und Anspannung auf. Anspannung vor allem wegen der fehlenden Rückzugsmöglichkeiten.

Ich könnte im Gang herumstehen. Das tun zumindest diejenigen, denen es richtig schlecht geht. Auf dem Gang sitzen, an den Wänden entlang schleichen, aus welchen Ängsten und Gründen auch immer jammern, stöhnen, monotone Dauerschleifen herunter leiern. Manche stehen an der Glastür, klopfen und kratzen daran. „Ich will raus, ich will raus, ich will raus, ich will…" Dauerschleife in ein und derselben Tonlage.

Ab und zu – genau genommen sehr häufig – öffnet sich die Tür zum Raucherbalkon. Wieder strömt ein Schwall nach beißendem Rauch riechender Luft herein.

„Hast du 'ne Zigarette?"

„Nein. Ich rauche nicht." Immer noch nicht. 2000 Wiederholungen braucht das Hirn, bis es etwas verinnerlicht hat? Das wurde uns zumindest in Bezug auf Kindererziehung erzählt. Na dann … nur noch 1990 Wiederholungen! Ob ich hier vorher raus komme? Oder ich fang doch noch zum Rauchen an.

Nächster Rückzugsort: der Aufenthaltsraum. Hier gäbe es wenigstens ein Sofa. Die schizophrene Türkin hat ihren Spaß damit, mich auf Türkisch zu zumüllen. Oder sie führt Selbstgespräche. Vielleicht ist es auch gar nicht so viel Müll, was sie erzählt. Ich verstehe sie ja nicht. Offensichtlich hat sie aber mit ihren Gesprächspartnern ihre Gaudi. Zumindest kichert sie vor sich hin. Gut möglich, dass sie sich auch über mich lustig macht. Aber dann hat meine Anwesenheit hier wenigstens etwas Gutes. Ich ignoriere sie, seit ich klar gestellt habe, dass sie sich mit mir auf Deutsch unterhalten muss. Das kann sie nämlich gar nicht so schlecht.

Tumult auf dem Gang, kreischende Frauenstimme: „Sag mal spinnst du?!" Der Pfleger ist ruck zuck vor Ort. Die Dame, die ständig nach Zigaretten fragt, hat offensichtlich im Zimmer geraucht. Ihre Zimmerkollegin sah dies als Anlass an, die brennende Zigarette in den Gang hinaus zu werfen. Konstruktive Konfliktlösung.

Die Türkin ist auch wieder da. Sie bringt es sehr einfach auf den Punkt:
„Was machst du hier? Du bist so anders als die anderen!"
Das sitzt. Aber ja, sie hat Recht. Immerhin bin ich schon in meinen ersten Stunden auf der Geschlossenen für Pflegepersonal gehalten worden.
Wobei hier ja der Leitspruch gilt: „NIEMAND ist ohne Grund im BKH."

Letzte Rückzugsmöglichkeit: mein Zimmer.
Dort erwartet mich meine – inzwischen müffelnde – Zimmerkollegin. Sie liegt in gesamter Straßenkluft im

Bett. Und wenn ich „gesamt" schreibe, meine ich auch gesamt. Mit Daunenjacke und Straßenschuhen. Ihre Einkaufstüte immer mit dabei. Schlagartig springt sie immer wieder auf, stürmt laut polternd aus dem Zimmer, um irgendwann wie ein voller Aschenbecher stinkend zurückzukommen und sich wieder ins Bett zu legen. Der Lärmpegel wird nicht an die jeweilige Tageszeit angepasst. (Mein) Schlaf wird eindeutig überbewertet.

Das Bad nutzt sie nur, wenn sie zur Toilette muss. Aber immerhin stehen seit gestern Abend Shampoo und Duschgel drin. Ein Anfang!

Vorletzte Nacht hatte ich eine brüllende und derb fluchende Frau auf dem Gang gehört. Seit letzter Nacht weiß ich: Es war meine Zimmerkollegin. Immerhin bekommt man hier nachts um vier Uhr etwas geboten. Nur für den Fall, dass man sich sonst an zu viel Schlaf gewöhnen könnte.

Sie und die Türkin sind eine explosive Mischung. Eigentlich wäre es ja schon spannend, zu sehen, was da noch so kommt. Aber ehrlich gesagt: Zwischen so viel Aggressionen fühle ich mich eher unwohl.

Super, Mittag. Bald gibt es Essen. Nicht, dass das hier gut schmecken würde. Aber es ist wenigstens ein fixer Termin, den man am Tag hat. Danach geht das Warten auf das Abendessen los.

Vielleicht, ganz vielleicht bekomme ich heute noch die Ärztin zu sehen. Mein einziger Wunsch: Ausgang innerhalb des Hauses.

Das hier fühlt sich gerade an wie ein Weichkochen. Man ist so lange eingesperrt, bis man endlich sagt: „Ich tu mir nichts an, aber bitte, bitte lasst mich ein bisschen raus!"

Tag 3

Schönen guten Morgen zurück in der Klapse.

Wahnsinn, ich darf mein Frühstück im offenen Bereich einnehmen. An dieser Stelle sollte ich vielleicht erklären: Was genau ist der offene Bereich?
Das ist der Teil *diesseits* der Glastür. Der Bereich der Station, der jederzeit verlassen werden kann. Hier sind quasi die „Einäugigen unter den Blinden". Verrückt, aber doch nicht ganz so verrückt. *Jenseits* der Glastür – also der geschlossene Bereich – sitzen die harten Fälle und diejenigen, die für sich selber eine Gefährdung sind.

Zurück zum Frühstück:
Ich beschränke mich auf schlechten Kaffee mit guter Aussicht. Das Panorama hier ist der Hammer. Leider ist es heute eher grau und trüb – aber was soll's, irgendwas ist ja immer.
Wie war das? Ich muss die Bewertung meiner Gedanken verändern. Na gut. Der Kaffee ist schlecht, aber immerhin ist es Kaffee. Der Automatenkaffee in der Berufsschule ist um Welten schlechter. Das Wetter ist mir eigentlich herzlich wurscht. Ändert sich ja eh nicht, wenn ich mich darüber aufrege.
Und hey! Ich habe eine halbe Stunde Ausgang in Haus und Garten!! Ich darf tagsüber flüchten! Es geht aufwärts.

Ok ... ich sitze noch immer *jenseits* der Tür im Überwachungszimmer. Im Übrigen auch etwas, das man sich nicht vorstellen kann, wenn man es nie gesehen hat. Von denen, die schon des Öfteren hier waren, wird das Zimmer auch ab und zu liebevoll „Aquarium" genannt. Es beinhaltet zwei Betten, dazugehörige Schränke, einen Tisch und zwei Stühle, aber, im Gegensatz zu den anderen Zimmern, fehlen hier die Vorhänge genauso, wie eine normale Duschbrause am Schlauch. Stattdessen gibt es im Bad nur ein Rohr aus der Wand mit duschkopfähnlichem Ende; hat Ähnlichkeiten mit den Einlassöffnungen in einer Gaskammer.

Auf diesem Weg ist das offensichtlichste Inventar, mit dem man sich suizidieren könnte, nicht vorhanden. Was dieses Zimmer so besonders macht: Es gibt eine dritte Tür. Die führt direkt ins Stationszimmer der Pflege und kann – Überraschung – nur von dort aus geöffnet werden. Zudem gibt es ein Fenster neben dieser Tür, durch das man ins Stationszimmer schauen kann. Selbstverständlich ist es anders herum gedacht, also dass das Pflegepersonal nach den Insassen schauen kann.

Immerhin gibt es ein Rollo an diesem Fenster, das diesmal die meiste Zeit geschlossen ist.

Aber ich war gerade noch beim positiven Denken: Tatsächlich darf ich sogar mein Ladekabel bei mir haben! Ich sperre es brav vor meiner Zimmerkollegin weg – nicht, dass die noch auf die Idee kommen könnte, sich mit meinem Kabel zu strangulieren.

Apropos Zimmerkollegin:

Hurra!!! Sie hat Zahnpasta und Haarbürste verwendet!
Dummerweise meine ...

Das Ganze mit viel Krach und Gepoltere nachts um drei.
Als sie mit der Körperpflege fertig war, hat sie noch
einen Kasten Wasser aus dem Aufenthaltsraum in unser
Zimmer geschleppt. Na ja, wer weiß, wann die nächste
Dürre kommt. Nachdem sie schließlich grob 15 Minuten
laut rülpsend getrunken hat, noch zweimal im Bad
gestanden hat, um sich mit meiner Bürste die Haare zu
kämmen, hat doch auch mal der Nachtdienst den Krach
mitbekommen. Das Zimmer ist ja doch sehr weit
entfernt von der Pflege ...
Wie war das nochmal mit der Überbewertung von
Schlaf??
Der Pfleger war mit gutem Zureden zumindest so
erfolgreich, dass sie sich wieder hingelegt hat und ich
tatsächlich noch bis zum Wecken schlafen durfte. Das
Thema Waschutensilien erledigte ich dann nach dem
Aufstehen. Vom letzten Aufenthalt wusste ich ja noch,
dass es das Nötigste auf der Station gab.

Gerade schwanke ich zwischen der Idee, im Ausgang
guten Kaffee zu trinken oder mich der Ergotherapie
beim Karaoke singen anzuschließen. Vermutlich ist
Letzteres sehr amüsant.

Eine Stunde später:
Fazit vom Singen: Ich sollte lernen, Nein zu sagen. Aber
Spielverderber will man ja auch nicht sein. Inwieweit
„Alles aus Liebe" von den Toten Hosen das richtige Lied
für die Psychiatrie ist, lässt sich diskutieren. Etwas
skurril, wenn da rund zehn, teils schwer depressive
Frauen im Aufenthaltsraum laut singen:

„...komm ich zeig dir wie groß meine Liebe ist und bringe uns beide um!"
War jedenfalls ein sehr kurzweiliges Programm, das uns wieder eine Stunde vertrieben hat.
Und jetzt? Zeit absitzen bis zum Mittagessen.

Tag 4:

Der Kaffee wird schlechter. Oder mein Anspruch steigt. Jedenfalls kann man die Plörre kaum trinken.

Gestern dachte ich ja, im offenen Bereich wären halbwegs „normale" Menschen (was auch immer man als normal bezeichnen mag), heute ist mir wieder klar: Ich bin immer noch auf der Akutstation der Allgemeinpsychiatrie.

Hier herrscht ein Zickenkrieg vom Feinsten. Patientin A will Patientin B anzeigen, Patientin B will Patientin A wegen Verleumdung verklagen, Patientin C will mit Patientin B nicht mehr in einem Zimmer sein und schläft deswegen auf dem Sofa im Tagessaal – während alle anderen hinter ihr frühstücken.
Patientin D erzählt jedem, der es hören will – genaugenommen auch jedem, der es nicht hören will – dass sie auf einem Konzert diese Woche ihrem Idol ganz nah war und seinen Securitys sogar Briefe abgeben konnte. Liebesbriefe natürlich. Wenn ich sie richtig verstanden habe, hat sie in diesen Briefen geschrieben, dass er der Teufel sei und sie wäre seine einzig wahre Frau. Davon ist das Mädel auch absolut überzeugt.
Ich wünsche dem armen Mann, dass diese Briefe aussortiert werden.

Ich durfte gestern nun endlich umziehen. Zwar bin ich nach wie vor „hinten", wie es alle hier nennen (und ich stelle mir dabei jedes Mal eine nasse, modrige, dunkle Höhle vor, in der die sabbernden Monster lauern), aber meine neue Mitbewohnerin ist deutlich angenehmer als die Vorhergehende. Die Frau scheint Flüchtling aus Afghanistan zu sein und spricht nur sehr wenig Deutsch. Sie tut mir leid, denn ihr geht es zeitweise schon sehr schlecht. Aber wirklich helfen kann ich ihr nicht.

Mehr Schlaf gab es aber auch mit dem Umzug nicht. Ab 4 Uhr ging es auf dem Gang zu wie in einer Kneipe. Gebrüll, Geschrei, Gelache, dann wieder lautes und extrem derbes Fluchen. Wäre ja auch blöd, wenn ich mich an zu viele schlafreiche Nächte gewöhne.

Heute Vormittag steht dann noch der wichtigste Punkt der Woche an: Oberarztvisite. Kreuzverhör, nenn ich es auch. Für gewöhnlich sitzt man da rund 5 Personen gegenüber und soll Auskunft über die eigene Verfassung geben. Sowohl körperlich, als auch seelisch. Es fühlt sich jedes Mal fast so an, als würde man nackt dort sitzen. Ich hoffe, dass ich für das Wochenende Tagesurlaub heraus handeln kann.

Ein paar Stunden später:
Seltsam ... anscheinend bin ich nicht die Einzige, die die Art der Visiten kritisiert hatte. Jedenfalls gibt es laut Oberarzt nun ein neues Konzept. Der Angeklagte – Verzeihung ... der Patient natürlich – sitzt nicht mehr an der Stirnseite des Tisches, sondern darf sich in die Tischrunde integrieren.

Mehr Kommunikation ... na ja ... geredet haben trotzdem nur die beiden Ärzte und ich.

Fazit: Wochenendurlaub als Belastungserprobung. Also nicht nur Tagesurlaub, sondern inklusive der Nacht. Die Ärztin will es wohl wissen (war ihre Idee). Mir soll es recht sein. Dann weiß ich wenigstens, woran ich bin und ob mein Hirn wieder Unfug treibt.

Da mir heute der Humor eher etwas ausgegangen ist, lass ich das Schreiben mal gut sein und gehe ihn suchen.

Tag 6

Zurück in der Klapse. Das Wochenende war normal. So normal chaotisch, dass ich zeitweise vergessen habe, dass ich ja nur „auf Bewährung" draußen bin.

Mal abgesehen von einem Neuzugang, der wohl mit dem Rettungsdienst kam, gab es bisher nicht viel Neues. Abendessen kommt ja erst noch. Und viele von „Vorne" sind noch gar nicht zurück.

Apropos ... Ich habe ja gar nicht geschrieben, dass ich inzwischen „Vorne" gelandet bin. Das nenn ich mal Karriere! Innerhalb von 24 Stunden durfte ich noch am Freitag zum zweiten Mal umziehen und bewohne nun ein Zimmer im offenen Bereich. Zusammen mit einer sehr ruhigen und netten Russin.

Endlich hat das Betteln, durch die blöde Glastür gelassen zu werden, ein Ende. Ich wurde GEFRAGT, ob ich denn überhaupt nach vorne wolle. Manche Fragen sind komisch ... Man hat mich am Anfang ja auch nicht gefragt, ob ich wirklich ins Überwachungszimmer wolle. Seltsamen Humor haben die ja schon.

Jedenfalls war diese Frage überflüssig und ich hatte schneller mein Zeug gepackt, als die Pflege schauen konnte. Jaaa, gut ... das ist jetzt schon sehr übertrieben. Im Prinzip sind die Umzüge für die Patienten harmlos. Alles aufs Bett schmeißen, Bett aus dem Zimmer schieben, Schlüssel für die Schränke tauschen und fertig. Nervig ist das wohl nur für das Personal. Die müssen nämlich jedes Mal die Schränke putzen.

Inzwischen könnte ich Zimmer-Bingo spielen. Mir fehlen vom Ostblock nur noch drei Zimmer, die ich bisher noch nicht von innen gesehen habe. Von den Seiten her habe ich alles durch. Wobei die mit dem schönsten Ausblick immer noch die Seite ist, auf der ich mich gerade befinde.

Tag 7:

Grandioses Morgenrot war heute zu erleben. Da hab ich es dem Pfleger schon gar nicht mehr so übel genommen, dass er uns unsanft geweckt hat.
Das Wecken ist immer so eine Sache. Es gibt welche vom Personal, die sind echt vorsichtig, andere kommen mit einem gut gelaunten „Guten MORGEN!" ins Zimmer, der heute hat so laut geklopft, dass ich senkrecht im Bett saß. Bevor ich mich von meinem Schreck erholt hatte, knallte er meiner Mitinsassin und mir hin, dass wir nach dem Aufstehen zum Wiegen kommen sollten, und war auch schon wieder weg.
Typisch Montag. Wiegen. Morgen ist dann der Blutdruck dran. Warum nicht beides zusammen? Dann wäre es erledigt. Aber wahrscheinlich würde das Wiegen bei manchen den Blutdruck verfälschen.
Man stellt sich also verschlafen ganz brav in die Reihe der Patienten und wartet, bis man dran kommt. Da geht es dann vor dem Stationszimmer zu, als bekäme man

was umsonst. Wobei das ja sogar stimmt: Es gibt schließlich auch gleich die Morgen-Medis.

Frühstück – ja was soll ich sagen – der Kaffee ist nach einem Wochenende mit gutem Kaffee noch eine Nummer schlechter geworden. Mein Magen hat beschlossen, schon zu schmerzen, bevor ich den ersten Schluck genommen habe. Schlaues Kerlchen.

Ich gebe zu, der vordere Bereich ist vergleichsweise langweilig und gibt nicht so viel her, wie der Geschlossene. Den Vormittag hab ich nun im Zimmer verbracht und auf die Ärztin gewartet. Das ist auch so ein Highlight des Montags: Zimmervisite.
Nachdem sie sehr zufrieden mit mir war und ihre üblichen Fragen nach Selbstgefährdung abgearbeitet hatte, waren wir uns einig, dass ich morgen entlassen werden kann.

Später kam dann noch eine der Pflegeschülerinnen herein, um zu schauen, ob etwas an Geschirr oder leeren Flaschen aufzuräumen sei. Die Frage „Haben Sie noch etwas abzugeben?", ist für meinen Humor schon eher eine Steilvorlage. Bei meinem letzten Besuch hier habe ich darauf mit einem „Ja, ich hätte den Löffel abzugeben!", geantwortet. War ein bisschen leichtsinnig, da ich erst am Tag zuvor aus dem Überwachungszimmer verlegt worden war. Aber damals hatte ich es mit einem Mädel zu tun, die meinen Humor (Gott sei Dank) nicht verstanden hat und direkt gefragt hat, welchen Löffel ich meine.
Diesmal habe ich angesichts der anstehenden Entlassung lieber mal mein Maul gehalten. Will ja nicht, wie im März, eine Ehrenrunde drehen. „Gehen Sie ins

Gefängnis, begeben Sie sich direkt dorthin, gehen Sie nicht über Los, ziehen Sie keine ..."

März ... der Tag heute hat vom Wetter her große Ähnlichkeiten mit dem 27.03. Werde wohl meinen „Ausgang nach Absprache" nutzen und noch einen Spaziergang machen, danach - anders als damals – einen guten Kaffee trinken und im Anschluss, ganz brav zurück auf die Station gehen. Aber ein kurzer Abstecher zu „meiner Fichte" muss drin sein.

Und um den Abschluss hier jetzt nicht zu nachdenklich zu gestalten: Es wird wirklich Zeit, dass ich entlassen werde, denn mein Anspruch ist eindeutig zu hoch geworden. Das Essen wird immer schlechter. Ich frage mich ernsthaft, wie lange es dauert, bis der gesamte Geschmack raus gekocht ist.

Nur noch 24 Stunden!

(10. Dezember 2019 – 16. Dezember 2019)

Der letzte Tag

Der letzte Tag ist angebrochen.
Ein Jahr, fast so wie fortgeweht.
Manches begonnen, vieles zerbrochen.
Das letzte Kalenderblatt umgedreht.

Ein Ende ist auch ein Neubeginn.
Doch die Angst vor Schmerz, die bleibt.
Nicht immer ist „neu" auch ein Gewinn!
Das haben die Jahre mir gezeigt!

Vielleicht wirds das Letzte und damit Erlösung?
Sicher gibt's Schatten und warmes Licht.
Sicher auch Hoffnung und tiefe Verzweiflung.
Sicher wird's anders - gut oder nicht.

(31. Dezember 2019)

Schwer

Verschwunden im Nichts,
der Schimmer des Lichts.
Zerrissen die hauchdünnen Fäden.
Ich möchte – wie sie – von dannen schweben.

Einsamkeit, einem Tsunami gleich.
Der Abgrund unter den Füßen weich.
Die Seele tieftraurig und schwer.
Der innere Akku defekt und leer.

(3. Februar 2020)

Still!

Kalter Nebel, Nässe im Gesicht
Ist es Regen? Sind es Tränen?
Eine Rolle spielt das nicht.
Sinnlos, Gefühle zu erwähnen!

Halt's Maul! Sei still! Einfach nur Schweigen!
Niemand stören, niemand nerven!
Theater spielen und ... leise bleiben!
Still, stumm und leis' die Klinge schärfen.

(11. März 2020)

Heilsame Flucht

Die Tür knallt zu - Raus aus der Enge,
Dem Chaos, dem Streiten, dem an mir Hängen!
Ich renne davon, die Trigger im Nacken,
flüchte hektisch vor quälenden Schatten.
Den Berg hinauf, hinein in den Wald,
der Ruhe, Frieden, Schutz ausstrahlt.

Wütend schleuder ich Steine hinein,
Fühl mich wertlos, hilflos und klein.
Weg die Wut, die Einsamkeit da
Wäre doch endlich ein Ende nah!
Sinke erschöpft auf den großen Stein.
So wie ich bin, will ich nicht sein!!!

Vom saftig kräftigen Grün umgeben,
lässt langsam nach, das innere Beben.
Ich höre die Waldesvögel singen,
ein Eichhörnchen den Baum hochspringen.
Riech' feuchtes Moos und trockene Rinde,
sehe die Blätter wackeln im Winde.

Die Spannung fällt ab, ich atme tief ein.
Nehme nun wahr den stupfenden Stein.
Sehe die wundervoll mächtigen Buchen,
eine Amsel im Laub nach Futter suchen.
Die Abendsonne scheint rot in den Wald.
Nun spür ich ihn: der Natur stärkenden Halt.

(17. Juli 2020)

Wetterwechsel

Schwarze Wolken, zuckende Blitze.
Donnergrollen und stürmischer Wind.
Regengüsse nach heftiger Hitze.
Manch einer freut sich wie ein Kind.

Auf Sonnenschein folgen Regentage;
So trüb, nass, grau und trist.
Sehr schnell stellt sich so manchem die Frage,
wann's Wetter wieder schöner ist.

Ein Hin und Her der Gegensätze,
nichts nur gut oder schlecht allein.
Das Wertvolle ist der ständige Wechsel.
Doch herausfordernd wird's immer sein.

(18. Juli 2020)

Still! (2)

Kalter Nebel, Nässe im Gesicht
Ist es Regen? Sind es Tränen?
Eine Rolle spielt das nicht.
Sinnlos ist's, Gefühle zu erwähnen!

Belastung für alle, fehl am Platz!
Überschwemmt von altem, vernichtenden Hass,
der sich durch nichts mehr lenken lässt.
Todessehnsucht umklammert mich fest.

Helfen kann niemand, nicht einmal der Herr!
Allein winde ich mich im wütenden Meer.
Setz an zum Schreien, so laut es geht,
hoffe, dass jemand die Worte versteht!

Doch dann:

Halt's Maul! Sei still! Einfach nur Schweigen!
Niemand stören, niemand nerven!
Theater spielen und ... leise bleiben!
Still, stumm und leis' die Klinge schärfen.

(geändert/ergänzt 24.Oktober 2020)

Ein verrücktes Jahr

„Sono io la morte e porto corona."
Ob Angelo Branduardi beim Schreiben des Liedes „Ballo
in fa diesis minore" ahnte, dass 43 Jahre später dieser
Satz eine völlig andere Bedeutung haben könnte?
„Ich bin der Tod und ich trage die Krone."
2020 jedenfalls hat diese Liedzeile einen nahezu maka-
beren Beigeschmack. Als das Jahr mit so wilden Stürmen
begann, dass die Kitas tagweise schließen mussten,
dachte ich noch, das wäre mein persönliches Unwort
des Jahres: „Sturm".
Nebenher plätscherten immer wieder mal belustigte
Bilder von Bierflaschen mit der Unterschrift „Ich habe
Corona!" oder Ähnlichem über diverse soziale Netz-
werke herein. Vor Jahren hatte ich beschlossen, Nega-
tives nur sehr dosiert aufzunehmen und somit Nachrich-
ten über Radio oder TV nur dann zu konsumieren, wenn
es für mich in Ordnung war. Somit ging in den ersten
Wochen des Jahres die Schreckensnachrichten in Bezug
auf das neue Corona-Virus eher an mir vorbei.

Dann gab es die ersten Fälle in Deutschland. Huch...! Ist
ja doch gar nicht mehr so weit weg von meiner kleinen
Welt! Doch beunruhigt war ich nicht wirklich. Schulter-
zucken. Es gibt immer wieder mal Krankheiten, die neu
auftreten. Warum so eine Panik?
Und dann ging es Schlag auf Schlag. Fasching konnte
noch ausgiebig gefeiert werden. Ob das sinnvoll war, sei
mal so dahin gestellt; wichtig war es sicherlich, denn
sonst wären all das Herzblut und die monatelange
Arbeit, die in die Wägen für diverse Faschingsumzüge
gesteckt worden waren, umsonst gewesen. Und wer

weiß ... vielleicht wäre die Moral der Bevölkerung bereits zu diesem Zeitpunkt an einen Tiefpunkt gerutscht.

Weitere Corona-Fälle folgten, die ersten starben. Das Wort „Quarantäne" bekam neues Gewicht.

Das größte Problem vieler Verunsicherter wurde die Beschaffung von Nudeln, Konservendosen und Klopapier. Das eh schon nervige Einkaufen wurde zu einem Spießrutenlauf. Es fühlte sich an, als wäre man im Supermarkt für alle anderen Kunden entweder potentielle Gefahr (bloß nicht Niesen oder Husten!!), oder existenzbedrohender Konkurrent vor dem Klopapierregal. Kritische Blicke in den Einkaufswagen und gespenstisch leere Regale wurden zur Normalität. Es war schwer, sich von der Hamsterkauf-Hysterie nicht anstecken zu lassen. Denn: Mit zwei kleinen Kindern zu Hause, von denen eins einfach noch Windeln braucht, muss man doch etwas vorausdenken. Somit wurde halt auch da dann eine Packung Windeln gekauft, weil die Größe eben gerade noch da war und nicht, weil man sie bereits dringend brauchte.

Noch immer gelang es mir, halbwegs Ruhe zu bewahren. Wenn das Klopapier ausginge, gäbe es immerhin auch noch Wasser. Für fehlende Windeln würde man auch eine Lösung finden. Brot und Nudeln konnte man selber machen ... doch: Darauf kamen auch immer mehr Menschen, so dass als nächstes Mehl- und Hefeknappheit folgte.

Es nervte. Und es erforderte ein hohes Maß an Flexibilität. Aber auch Kreativität, was sich spätestens bei der Knappheit von Mund- und Nasenschutz zeigte. Man lernte, sich selbst zu helfen. Nicht unbedingt die negativste Eigenschaft. Allmählich merkten viele Menschen, dass es Zeit wurde, zusammen zu halten. Sich gegenseitig zu helfen. Diejenigen, die in Quarantäne mussten, oder auch die Menschen, die zur Risikogruppe gehörten,

wurden von Nachbarn versorgt. Vereine boten Hilfe an. Der körperliche Abstand zu den Menschen musste größer werden, aber der gefühlte wurde – in vielen Fällen – kleiner.
Mir persönlich machten eher die äußeren Umstände Angst, als das Virus selber. Noch immer war ich überzeugt, dass es sich sehr bald normalisieren würde. Scheuklappenmentalität.

Dann kam Tag x. Plötzlich hieß es, Schulen, Kitas und ähnliche Einrichtungen würden bis auf Weiteres geschlossen. Schulen geschlossen? In Deutschland?? Das war der Tag, an dem mir bewusst wurde, wie ernst die Lage nun zu sein schien. Das hier war nicht einfach nur eine neue, unbekannte und damit verunsichernde Krankheit. Oder steckte doch noch etwas anderes dahinter? Wollten die Politiker vielleicht von anderen Dingen ablenken? Hier wäre nun Platz für all die Verschwörungstheoretiker, die sich im Laufe der Zeit erhoben haben.

Nach dem Realisieren, dass es nun wohl doch ernster ist, als gedacht, realisierte ich noch etwas ganz anderes: Wir haben ein Problem!!
Meine Kinder, 3 und 5 Jahre, gingen immerhin beide in den Kindergarten. Mein Mann und ich berufstätig. Ich selber in einer Umschulung, in der ich aufgrund des Azubi-Status nicht einfach mal unbezahlten Urlaub nehmen konnte. Großeltern nicht greifbar; mal abgesehen davon, dass diese ja eh zur Risikogruppe zählten und damit nicht diejenigen sein sollten, die die Kinder betreuen. Mein Mann hatte keine Überstunden, die Firma bot an, er dürfe Minusstunden machen. Wann und wie diese dann aufgearbeitet werden sollten, war unklar. Alternativ könne man ja Urlaub nehmen.
Wir – und sehr sehr viele andere Familien – standen vor einer riesigen Herausforderung!

Ich bin dankbar, dass ich in einem „systemrelevanten Beruf" arbeite und somit, nach zwei Wochen Zerreiß-probe zwischen Kindern und Job, uns das Privileg der Notbetreuung zustand. Wie andere Familien das wochenlang mit Homeoffice, Homeschooling, Kinder bespaßen, Haushalt etc. hingebracht haben, ohne völlig zusammen zu klappen, ist mir ein absolutes Rätsel. All diese Familien haben meinen uneingeschränkten Respekt!

Doch noch war kein Ende in Sicht. Eine Steigerung war immer noch möglich. Ausgangsbeschränkung hieß es plötzlich. Raus durfte man nur noch zum Sport allein oder mit der Familie. Oder um arbeiten und einkaufen zu gehen. Das Allernötigste. Wer das Haus ohne triftigen Grund verließ, musste mit einer Ahndung rechnen. Interessanterweise hat das für uns die wenigsten Einschränkungen gebracht. Mir wurde bewusst, welch ein Glück wir haben, in einer ländlichen Gegend mit so einer wundervollen Natur zu leben. All die Einschränkungen waren für uns tatsächlich „Jammern auf hohem Niveau". Mit den Kindern nicht ins Hallenbad gehen können, Spielplätze meiden müssen, die Kletterhalle nicht nutzen können ... all das war einfach nur Luxus, wenn man sich überlegte, dass manche in kleinen Hochhauswohnungen, schlimmstenfalls ohne Balkon, mitten in der Stadt saßen und nicht mehr wussten, wohin mit sich.
Was sich für Dramen hinter manchen Fenstern abgespielt haben werden, möchte ich mir allerdings nicht ausmalen. Ganz besonders auch bei Familien, in denen es vorher schon kriselte. Wie viele Kinder wurden in dieser Zeit misshandelt und missbraucht? Wie viele Erwachsene haben sich gegenseitig verprügelt? Wie viele der alten und kranken Menschen, die in den Einrichtungen von der Außenwelt abgeschnitten wurden,

verstanden die Welt nicht mehr und dachten, ihre Familie will sie nicht mehr haben? Wie furchtbar muss das für einen fühlenden Menschen sein, der einsam an sein Bett gefesselt ist, gleichzeitig jedoch intellektuell nicht mehr in der Lage ist, zu verstehen, was da draußen in dieser Welt passiert? Wie viele Menschen stürzten in lebensbedrohliche, psychische Krisen? Und wie viele von denen haben sich letztendlich das Leben genommen?

„Sono io la morte ..."
Corona zerstörte nicht nur direkt Menschenleben und veränderte damit das Leben der Hinterbliebenen. Die Maßnahmen rund um das Virus hatten Folgen. Natürlich: Man hatte handeln müssen. Man mag all das kritisieren können – wäre nicht gehandelt worden und die Opfer in Deutschland wären mehr gewesen, als es tatsächlich waren, hätte man kritisiert, dass die Regierung nichts unternommen hat. Irgendwer wird immer meckern ...

Was uns von dieser Zeit bleiben wird, ist noch nicht absehbar. Die Wirtschaft ist das eine Thema. Die seelischen Folgen bei vielen Menschen ein weiteres.

Die Welt hat sich jedenfalls verändert.
Es gibt eine neue Zeitrechnung: „Vor Corona" und „nach Corona" - wobei bei Letzterem noch nicht ganz klar ist, wann dies sein wird.

Eine weitere Veränderung: Der kleinste Anflug einer Erkältung sorgt dafür, sich aussätzig zu fühlen. Musste man sich „vor Corona" noch rechtfertigen, wenn man mit Erkältung, Husten und vielleicht sogar leichtem Fieber **nicht** zum Arbeiten kam, überlegen sich jetzt die Verantwortungsbewussten und die Verunsicherten unter uns schon beim ersten Niesen, ob man eine

potentiell lebensbedrohliche Gefährdung für seine Mit-
menschen sein könnte, wenn man das Haus verlässt. Die
Frage „Bist du krank?", wirkt teilweise nicht mehr mit-
fühlend interessiert, sondern vorwurfsvoll anprangernd.

Und es gibt auch jede Menge sichtbare Veränderungen:
Markierungen auf dem Boden, für die Menschen, die
nicht wissen, was 1,5 Meter sind; Plexiglasscheiben an
den Kassen und Theken; Pfeile auf dem Boden, um Lauf-
richtungen vorzugeben. An allen Ecken stehen Spender
mit Desinfektionsmittel.
Statt Rosenkränzen, Schutzengeln oder Schlüsselanhän-
gern baumeln an den Innenspiegeln der Autos die ver-
schiedensten Mund-Nasen-Masken. Es ist völlig normal,
dass jeder in der Öffentlichkeit diesen „Lappen im
Gesicht" hat. Deutliches Sprechen ist eine Fähigkeit, die
spätestens jetzt viele lernen müssen. Vor einem Jahr
noch wurde Smalltalk mit Sätzen wie „So ein scheuß-
liches Wetter heute!", begonnen. Inzwischen beginnen
viele mit „Wie lange wir diese Masken noch tragen
müssen? Wie halten Sie das den ganzen Tag aus?"

Auch die jüngsten haben etwas in dieser Zeit gelernt. In
erster Linie, was „Abstand" bedeutet. Die leeren Stühle
am heimischen Esstisch hat mein Sohn während des
Lock-Downs sehr gewissenhaft auseinander geschoben.
„Abstand halten!" Kuscheltiere wurden in unterschied-
liche Ecken verbannt. Die Antwort auf jedes zweite
„Warum?", lautete: „Wegen Corona!"
Nach wenigen Wochen kapierte auch meine 3-Jährige,
dass ihre Eltern dezent unruhig wurden, wenn sie
erzählte, sie hätte Halsweh. Und noch einmal ein paar
Wochen später war sie bereits so ausgefuchst, dass sie
morgens zweimal hustete und mir frech ins Gesicht
grinste: „Mama, ich kann nicht in den Kindergarten
gehen, ich habe gehustet!"

Doch es sind nicht nur negative Veränderungen!
Händewaschen ist wieder ins Bewusstsein der Mensch-
heit gedrungen. Abstand halten macht das Stehen an
der Kasse deutlich angenehmer.
Kinder sind einfach nur dankbar, wenn sie wieder auf
die Spielplätze können oder ihre Freunde und Verwand-
ten sehen dürfen.
Selbst mal innehalten und überlegen, welche positive
Erfahrungen diese Zeit gebracht hat, kann unglaublich
wertvoll sein. Und Kraft geben, sollte es doch erneut zu
einem Lock-Down kommen.

Ich vermisse es sehr, Menschen, die mich innerlich
berühren, richtig verabschieden oder auch trösten zu
können. Es fehlt mir, diejenigen, die ich gerne habe,
ohne schlechtes Gewissen in den Arm nehmen zu
können! Ich möchte so gerne wieder die Hand geben
können und mit einem festeren Händedruck Dankbar-
keit, Zuneigung und Wärme zu zeigen. Denn manchmal
reicht ein Blick nicht aus. All diese Distanz und die Ein-
schränkungen lassen das zwischenmenschliche Mit-
einander zu einer riesigen Herausforderung werden.

Dennoch bin ich dankbar für einige ganz besonders
ruhige Momente in der Natur, für ein paar einzigartige
Begegnungen und für das Wissen, selbst doch so flexibel
zu sein, dass Krisen gemeistert werden können.
Und ich wünsche jedem diese Fähigkeit, nicht nur das
Negative in dieser Krise zu sehen, sondern für sich seine
persönlichen Stärken zu entdecken!

Meine Kinder machten es mir in diesem Jahr mehrmals
vor: Vor uns schwarze Gewitterwolken, am Horizont
Regenschleier, hinter uns noch ein paar Sonnenstrahlen,
die sich durch eine Wolkenlücke zwängten. Vermutlich
hätte nahezu jeder Erwachsene nur das Unwetter vor

uns gesehen. Doch von der Rückbank kam ein begeistertes:

„Mama!! Da gibt es jetzt bestimmt einen tollen Regenbogen!"

Diesen farbigen, wundervollen und einzigartigen Regenbogen wünsche ich allen, die in einer sehr wahrscheinlich folgenden zweiten (dritten, vierten ...) Corona-Welle verzweifeln und den Mut verlieren.

(Juli – Oktober 2020)